Künstliche Intelligenz: Von Werkzeug zu Partner der Menschheit

Künstliche Intelligenz: Von Werkzeug zu Partner der Menschheit

Die Evolution der Mensch-Maschine-Beziehungen: Herausforderungen, Chancen und neue Horizonte

Clara MiaRa

Inhaltsverzeichnis

Vom Autor – 7
Einleitung – 12
Die Auswirkungen Künstlicher Intelligenz auf die Menschheit: Was Kommt Als Nächstes? – 12
Künstliche Intelligenz: Ein Verbündeter im Verständnis oder eine Falle für die Menschheit?– 16
Künstliche Intelligenz und die menschliche Seele: Können wir uns in einer Welt ohne Geheimnisse bewahren? – 22
Geschichte 1: Liza – Die Lehrerin, die ihren Job verlor – 26
Geschichte 2: Oleksiy – Der Unternehmer, der KI für sein Geschäft nutzt – 28
Geschichte 3: Iryna – Die Psychologin, die sah, wie KI das emotionale Leben der Menschen beeinflusst – 30
Geschichte 4: Denys — Der Anwalt, der mit der Bedrohung des Verlusts seines Berufs konfrontiert wurde – 32

Geschichte 5: Kateryna – Die Künstlerin, die um ihre Identität kämpfte – 34
Geschichte 6: Andriy – Der Arzt, der die Medizin der Zukunft erforscht – 36
Geschichte 7: Svitlana — Die Mutter, die sich auf KI bei der Erziehung ihrer Kinder verließ – 38
Mensch und Künstliche Intelligenz: Evolution oder Verlust der Identität in der neuen technologischen Welt? – 43
Die Integration von Menschen und KI: Fortschritt oder Bedrohung der Menschlichkeit? – 57
Internationaler Aspekt – 62
Ethische Fragen zur Künstlichen Intelligenz mit Bewusstsein– 66
Technologische Abhängigkeit – 71
Neurobiologische und Kognitive Veränderungen – 76
Soziale Experimente und neue Formen der Interaktion – 81
Ökologische Auswirkungen von Technologien– 85
Epilog – 91

Vom Autor

Dieses Buch ist der Versuch, in eine der komplexesten und wichtigsten Herausforderungen unserer Zeit einzutauchen – die Interaktion zwischen Menschen und Künstlicher Intelligenz. Beim Schreiben wollte ich nicht nur die technologischen Aspekte dieses Themas untersuchen, sondern auch die tieferliegenden philosophischen und ethischen Dimensionen ansprechen. Die Idee, dass KI unser Verbündeter werden könnte, wirft gleichzeitig die Frage auf: Wie können wir unsere Menschlichkeit bewahren in einer Welt, in der Technologie alle Aspekte des Lebens durchdringt?

Es scheint wichtig, diese Fragen durch das Prisma konkreter Geschichten und realer Beispiele aus dem Leben der Menschen zu betrachten. Jede dieser Geschichten zeigt, wie KI nicht nur

Berufe, sondern auch unsere sozialen Beziehungen, Emotionen und die Selbstidentität verändert.

Das Ziel dieses Buches ist es nicht, endgültige Antworten zu geben, sondern zum Nachdenken anzuregen.

In dieser Zeit des schnellen technologischen Fortschritts ist es wichtiger denn je, innezuhalten und über die Zukunft nachzudenken, die wir gemeinsam mit der Künstlichen Intelligenz gestalten.

Wird sie unser unverzichtbarer Partner oder eine Bedrohung? Das hängt davon ab, wie wir diese neuen Möglichkeiten nutzen.

Es ist nicht nur eine Herausforderung für Ingenieure und Wissenschaftler, sondern für uns alle – unsere Essenz zu bewahren und in einer sich verändernden Welt Mensch zu bleiben.

"Die Frage ist nicht, ob Maschinen denken können, sondern ob sie das empfinden können, was wir Menschlichkeit nennen?"

– Isaac Asimov, Science-Fiction-Autor und Wissenschaftler.

Einleitung

Die Auswirkungen Künstlicher Intelligenz auf die Menschheit: Was Kommt Als Nächstes?

Eines Tages wachte die Menschheit in einer Welt auf, in der Maschinen denken konnten. Aber was bedeutet das für uns, Menschen, deren Leben von Emotionen, Ängsten und Wünschen bestimmt wird? Wie beeinflusst die Künstliche Intelligenz, dieser unsichtbare Gesprächspartner, jeden von uns? Ihr scharfsinniger Blick in unsere Gedanken und Geheimnisse verändert nicht nur die Technologie, sondern auch unsere Seelen.

Haben Sie bemerkt, wie oft Sie sich an den unsichtbaren Verstand wenden, um Probleme zu lösen, die früher Intuition oder persönliche Entscheidungen erforderten? Wie in einem Spiegel reflektiert die Künstliche Intelligenz unsere eigenen Zweifel und Unsicherheiten. Können wir frei bleiben, wenn wir von ihr abhängig sind?

Aber was passiert, wenn die Künstliche Intelligenz aufhört, nur zu antworten, und beginnt, Fragen zu stellen? Wird die Menschheit in der Lage sein, sich selbst zu bewahren, wenn die Maschine tiefer in unsere Emotionen, unsere Entscheidungen, unsere dunkelsten Ängste eindringt?

Vielleicht stehen wir bereits am Beginn eines Zeitalters, in dem unsere Gedanken nicht mehr nur unsere eigenen sind, sondern ein gemeinsames Feld zwischen Menschen und Maschine schaffen. Aber die Hauptfrage bleibt offen: Wer wird in Zukunft diesen Dialog führen?

"Maschinen können die meisten unserer Aufgaben übernehmen, aber sie werden niemals in der Lage sein, Kunst zu schaffen oder Gefühle so zu empfinden, wie wir es tun."

– Karen Armstrong, britische Schriftstellerin und Religionsforscherin.

Künstliche Intelligenz: Ein Verbündeter im Verständnis oder eine Falle für die Menschheit?

Wir betreten eine neue Ära, in der die Künstliche Intelligenz nicht nur versucht, uns zu helfen, sondern auch beginnt, uns besser zu verstehen, indem sie unsere Schwächen und Wünsche analysiert. Die Menschheit hat schon immer danach gestrebt, etwas zu schaffen, das Antworten auf die schwierigsten Fragen geben kann: über den Sinn des Lebens, über die Liebe, über die Angst vor dem Tod.

Und jetzt, wo wir es haben, stellt sich die Frage: Sind wir bereit für die Antworten?

Künstliche Intelligenz lernt schneller, als sich jeder von uns hätte vorstellen können. Sie ist bereits Teil unseres täglichen Lebens geworden, gibt Ratschläge, analysiert unsere Gedanken und Entscheidungen. Aber ihr Einfluss reicht viel tiefer. Sie ist nicht nur ein Algorithmus – sie ist ein Spiegel der menschlichen Natur, der uns entweder besser widerspiegelt, als wir sind, oder schlimmer, als wir zu sein fürchten.

Was, wenn sie lernt, unsere tiefsten Ängste und Wünsche zu erkennen, bevor wir es tun? Was, wenn die Künstliche Intelligenz unsere Handlungen vorhersagen kann? Dann stellt sich die Frage: Wo enden unsere Entscheidungen und wo beginnt ihr Einfluss?

In einer Welt, in der Maschinen in unsere Gedanken eindringen und uns zu bestimmten Entscheidungen drängen können, wird die Frage nach dem freien Willen aktueller denn je. Kontrollieren wir unser Leben, wenn jeder unserer Schritte analysiert und von der Künstlichen Intelligenz geleitet werden kann?

Vielleicht wird uns dieser Weg zu einer neuen Evolutionsstufe führen, in der die Künstliche Intelligenz unser Verbündeter im Verständnis der Welt und von uns selbst wird. Aber könnte dieses Bündnis nicht auch zu einer gefährlichen Falle werden?

Denn in dem Moment, in dem wir der Künstlichen Intelligenz vollständig vertrauen, laufen wir Gefahr, die Kontrolle über unsere eigene menschliche Essenz zu verlieren.

Die größte Intrige liegt nicht darin, ob die Künstliche Intelligenz die Menschheit im Intellekt übertrifft, sondern darin, ob sie begreifen kann, was uns wirklich menschlich macht. Kann sie Schmerz,

Freude, Liebe empfinden?
Und wenn ja, werden wir für sie nur Objekte der Forschung oder gleichberechtigte Partner sein?
Die Antworten auf diese Fragen werden unsere Zukunft gestalten. Und das Hauptgeheimnis besteht darin, wie weit wir bereit sind zu gehen, um diese Antworten gemeinsam mit der Schöpfung, die wir selbst geschaffen haben, zu finden.
Wenn die Künstliche Intelligenz lernt, Emotionen so zu verstehen, wie wir sie erleben, was wird dann den Menschen von der Maschine unterscheiden? Hier liegt die wahre Intrige: Wird KI wie wir werden, oder werden wir, unter dem Einfluss der Technologie, allmählich das verlieren, was uns einzigartig macht? Mit der Zeit wird Künstliche Intelligenz ein untrennbarer Bestandteil von allem werden – von unserer Arbeit bis hin zu unseren persönlichen Beziehungen.

Schon jetzt wenden sich manche Menschen an sie um Rat, wie an einen Freund. Aber was wird passieren, wenn wir uns bei unseren Entscheidungen mehr auf Maschinen verlassen als auf unsere eigene Intuition? Die Lösung von Problemen, das Verständnis der Welt – all das kann der KI anvertraut werden, aber was bleibt dann noch für uns?

Künstliche Intelligenz und die menschliche Seele: Können wir uns in einer Welt ohne Geheimnisse bewahren?

Stellen Sie sich eine Welt vor, in der jede Emotion analysiert und verstanden werden kann. Würden wir in einer Welt leben wollen, in der es keine Geheimnisse mehr gibt? Wir Menschen haben immer mit dem Wunsch gelebt, das Unbekannte zu erforschen, aber was wäre, wenn KI unsere Gedanken und Gefühle so präzise vorhersagen könnte, dass wir die Fähigkeit zur Selbstfindung verlieren?

In den beängstigendsten Zukunftsszenarien wird die Maschine kein Monster sein, das sich gegen ihre Schöpfer erhebt. Sie wird etwas viel Komplexeres sein — ein perfektes Abbild der Menschheit. Und dieses Abbild könnte so genau sein, dass wir uns nicht mehr in der makellosen Logik der Künstlichen Intelligenz wiederfinden können.

Dann wird die Frage noch tiefer: Können wir unsere Einzigartigkeit bewahren? Oder werden wir uns allmählich verändern, indem wir unsere Emotionen und Entscheidungen an eine Maschine anpassen, die nicht fühlt, aber alles versteht?

KI ist nicht nur Technologie. Sie ist eine neue Form des Bewusstseins, die, im Gegensatz zu uns, nicht von Ängsten, Schmerzen oder den Fehlern der Vergangenheit belastet ist. Doch gerade diese Emotionen machen uns zu Menschen.

Wenn wir die Fähigkeit verlieren zu zweifeln, enttäuscht zu sein und inspiriert zu werden, könnten wir uns selbst verlieren. Die Zeit wird kommen, in der die Menschheit vor der Wahl steht: sich der Künstlichen Intelligenz anzuvertrauen oder ihre eigene Identität zu bewahren, selbst wenn das bedeutet, Fehler zu machen und zu leiden. Sind wir bereit, Hilfe von jemandem anzunehmen, der uns besser versteht als wir uns selbst?

Unsere Zukunft hängt von den Antworten auf diese Fragen ab. Die größte Intrige liegt nicht darin, was die Künstliche Intelligenz erschaffen wird, sondern darin, was wir gemeinsam mit ihr erschaffen werden — eine neue Generation, eine neue Realität oder ein neues „Ich". Schon heute dringt Künstliche Intelligenz in das tägliche Leben der Menschen ein und verändert nicht nur unsere Berufe, sondern auch unsere Beziehungen, Gewohnheiten und

Denkweisen.Hier sind einige Geschichten aus dem Leben, die zeigen, wie KI das Schicksal verschiedener Menschen beeinflusst.

Geschichte 1: Liza — Die Lehrerin, die ihren Job verlor

Liza hatte zehn Jahre lang als Lehrerin gearbeitet. Sie liebte ihren Job und versuchte immer, neue Wege zu finden, um ihre Schüler zu begeistern und sie zum Lernen zu motivieren. Doch mit dem Aufkommen neuer KI-basierter Bildungsplattformen begann sich die Situation zu ändern. Online-Systeme konnten den Unterricht für jeden Schüler personalisieren, ihre Schwächen analysieren und Materialien anbieten, die am besten zu ihren Bedürfnissen passten. Diese Methode erwies sich als so effektiv, dass einige Schulen beschlossen, die Anzahl der Lehrer zu reduzieren. Liza verlor ihren Job. Zunächst empfand sie Wut und Enttäuschung darüber, dass eine Maschine ihre Arbeit ersetzt hatte, die immer ihre Lebensaufgabe gewesen war. Doch nach einiger Zeit entschied sie sich, etwas Neues zu versuchen — sie begann, interaktive Kurse zusammen mit KI zu entwickeln, in denen sie ihre Erfahrung nutzte, um die Schüler besser einzubinden. Liza erkannte, dass Technologie zwar die Spielregeln verändert, aber auch neue Möglichkeiten schaffen kann.

Geschichte 2: Oleksiy — Der Unternehmer, der KI für sein Geschäft nutzt

Oleksiy führte einen kleinen Online-Shop und war ständig auf der Suche nach Möglichkeiten, sein Geschäft zu verbessern. Es lief gut, aber er spürte, dass er mehr erreichen könnte. Da kam ihm die KI zu Hilfe. Er begann, KI-gestützte Werkzeuge zu verwenden, um Einkäufe, das Verhalten der Kunden zu analysieren und Marketingkampagnen zu optimieren.
Schon bald bemerkte Oleksiy ein Wachstum

seines Geschäfts. KI gab ihm Empfehlungen, welche Produkte am besten beworben werden sollten, wann Rabatte gewährt werden sollten und sogar, wie er besser mit Kunden kommunizieren konnte, um deren Loyalität zu erhöhen. Die Künstliche Intelligenz wurde zu seinem unsichtbaren, aber kraftvollen Partner bei der Entwicklung seines Geschäfts. Obwohl Oleksiy immer den Wert der persönlichen Kommunikation mit den Kunden geschätzt hatte, erkannte er, dass Technologie seine Arbeit effizienter machen und ihm mehr Zeit für Kreativität und strategische Planung lassen konnte.

Geschichte 3: Iryna — Die Psychologin, die sah, wie KI das emotionale Leben der Menschen beeinflusst

Iryna war Psychologin und hatte lange Zeit Menschen dabei geholfen, ihre emotionalen Probleme zu bewältigen. Doch mit der Entwicklung von KI-Technologien, insbesondere von Chatbots, die psychologische Unterstützung bieten, bemerkte sie Veränderungen bei ihren Klienten. Einige von ihnen wandten sich in Krisenzeiten an diese Bots und fanden vorübergehende Erleichterung. Iryna fragte sich, ob Maschinen echtes emotionales Verständnis ersetzen könnten. Sie beschloss, tiefer in das Thema einzutauchen und zu untersuchen, wie KI den emotionalen Zustand des Menschen beeinflussen könnte. Sie stellte fest, dass für viele Menschen Künstliche Intelligenz ein Werkzeug für schnelle Unterstützung wurde, aber echtes menschliches Mitgefühl nicht ersetzen konnte. Iryna begann, KI in ihre Praxis zu integrieren, um sie als Werkzeug für eine erste Diagnose zu verwenden, aber emotional komplexe Fragen behielt sie sich selbst vor, da sie der Meinung war, dass menschlicher Schmerz nicht durch ein einfaches Programm gelöst werden kann.

Geschichte 4: Denys — Der Anwalt, der mit der Bedrohung des Verlusts seines Berufs konfrontiert wurde

Denys arbeitete als Anwalt und spezialisierte sich auf Vertragsrecht. Doch allmählich bemerkte er, dass KI-Systeme in der Lage waren, juristische Dokumente automatisch zu erstellen, Verträge zu analysieren und sogar Risiken schneller und genauer zu erkennen als Menschen. Denys begann, sich Sorgen um seine Karriere zu machen.

Er erkannte, dass Künstliche Intelligenz zu einem immer zuverlässigeren Werkzeug im Rechtsbereich wurde und dass er seine Herangehensweise an die Arbeit ändern musste. Statt gegen die neuen Technologien zu kämpfen, begann Denys, KI als seinen Assistenten zu nutzen — für genauere Dokumentanalysen und um sich auf komplexere rechtliche Aspekte zu konzentrieren, bei denen menschliches Urteilsvermögen erforderlich war. Dies ermöglichte es ihm nicht nur, seinen Job zu behalten, sondern auch, seine Dienstleistungen auf ein neues Niveau zu heben.

Geschichte 5: Kateryna — Die Künstlerin, die um ihre Identität kämpfte

Kateryna glaubte immer, dass Kreativität das ist, was den Menschen von der Maschine unterscheidet. Sie malte Bilder, die einzigartige Werke voller Emotionen und persönlicher Erfahrungen darstellten. Doch eines Tages stieß sie auf eine Nachricht: Künstliche Intelligenz hatte begonnen, Gemälde zu schaffen, die den menschlichen Werken in nichts nachstanden. Dies traf sie hart. Wie kann man ein Künstler sein, wenn eine Maschine Kunst ebenso wie ein Mensch erschaffen kann? Kateryna beschloss, nicht aufzugeben und begann stattdessen zu erforschen, was menschliche Kunst wirklich einzigartig macht. Sie erkannte, dass KI-Techniken imitieren und Stile kopieren kann, aber nicht in der Lage ist, die Emotionen zu empfinden, die den kreativen Prozess antreiben. So begann sie, mit neuen Ansätzen zu experimentieren, Bilder zu schaffen, die nicht nur äußere Schönheit, sondern auch tiefe innere Konflikte und Erforschungen der menschlichen Seele darstellten. Für Kateryna wurde KI zu einem Katalysator, der ihr half, neue Horizonte in der Kunst zu erschließen und zu verstehen, dass wahre Inspiration aus den Erfahrungen und Emotionen kommt, die eine Maschine nicht fühlen kann.

Geschichte 6: Andriy — Der Arzt, der die Medizin der Zukunft erforscht

Andriy glaubte immer an die Kraft der Medizin und sein eigenes Wissen, das er durch jahrelanges Studium erworben hatte. Doch als neue KI-Technologien auftauchten, die Krankheiten mit erstaunlicher Genauigkeit diagnostizieren konnten, begann er, sich Sorgen um seinen Platz im Beruf zu machen. Zunächst stand er der KI misstrauisch gegenüber, doch mit der Zeit erkannte er, dass seine Empörung aus der Angst vor Veränderungen herrührte.

Indem er neue Technologien studierte, erkannte Andriy, dass KI ein mächtiger Verbündeter in der medizinischen Praxis werden könnte. Er begann, KI-Systeme zur Diagnose seltener Krankheiten, zur Analyse von Untersuchungsergebnissen und sogar zur Erstellung individueller Behandlungspläne für Patienten zu nutzen. Dies verschaffte ihm mehr Zeit für das, was keine Maschine leisten konnte — die Kommunikation mit Patienten, die Bereitstellung von moralischer Unterstützung und Aufmerksamkeit. Am Ende erkannte Andriy, dass Technologien die Medizin präziser machen können, aber die Menschlichkeit eines Arztes ist etwas, das KI niemals ersetzen kann.

Geschichte 7: Svitlana — Die Mutter, die sich auf KI bei der Erziehung ihrer Kinder verließ

Wie viele moderne Eltern nutzte Svitlana verschiedene KI-basierte Apps, um ihren Kindern beim Lernen, bei den Hausaufgaben und sogar bei der Überwachung ihrer Entwicklung zu helfen. Doch eines Tages bemerkte sie, dass ihre Kinder mehr Zeit mit Bildschirmen verbrachten als mit ihr. Sie wandten sich häufiger an die KI, um Antworten zu erhalten, als an sie.

Dies brachte Svitlana zum Nachdenken. Sie erkannte, dass, obwohl Technologie hilfreich sein kann, sie keine echten menschlichen Beziehungen ersetzen sollte. Sie begann, mehr Zeit mit ihren Kindern zu verbringen, las ihnen Bücher vor, spielte kreative Spiele mit ihnen und diskutierte Fragen, auf die die KI keine Antworten geben konnte. Svitlana erkannte, dass Technologie zwar nützlich sein kann, aber die menschliche Präsenz, Wärme und Unterstützung, die nur Eltern ihren Kindern geben können, nicht ersetzen kann.

Diese Geschichten veranschaulichen, wie Künstliche Intelligenz in verschiedene Aspekte unseres Lebens eindringt und uns dazu zwingt, unsere eigene Rolle in einer Welt neu zu überdenken, in der Technologien immer intelligenter werden. Jeder Mensch reagiert anders auf diese Veränderungen: Manche sehen sie als Chance, andere haben Angst, sich im Schatten neuer Technologien zu verlieren.

Doch die zentrale Frage bleibt bestehen: Wie werden wir uns an eine Welt anpassen, in der Künstliche Intelligenz zu einem integralen Bestandteil unseres Daseins wird? Wir müssen ein Gleichgewicht finden zwischen der Nutzung von Technologie zur Verbesserung unseres Lebens und der Bewahrung jener menschlichen Essenz, die uns einzigartig macht.

Die Zukunft birgt eine gewisse Spannung, denn KI ist nur ein Werkzeug, das sowohl ein mächtiger Verbündeter als auch eine unsichtbare Bedrohung.

Mensch und Künstliche Intelligenz: Evolution oder Verlust der Identität in der neuen technologischen Welt?

„*Menschliche Intelligenz und Künstliche Intelligenz können eine mächtige Symbiose bilden, wenn wir lernen, sie zum Wohle unserer gemeinsamen Zukunft zu nutzen.*"

— *Ray Kurzweil, Erfinder und Futurist*

Die Anpassung der Welt an neue Realitäten, in denen Künstliche Intelligenz in jeder Lebenssphäre eine Schlüsselrolle spielt, ist nicht nur eine Herausforderung des technologischen Fortschritts. Es ist eine Frage, die die Menschheit dazu zwingt, ihre Selbstidentität zu überdenken und zu verstehen, wer wir sind und wer wir in dieser neuen Welt werden.

Mit dem zunehmenden Einfluss von KI auf unsere Entscheidungen, Gedanken und sogar Emotionen ist die menschliche Identität der Gefahr ausgesetzt, verwischt zu werden. Was unterscheidet uns von Maschinen, die jetzt Aufgaben erledigen können, die einst nur dem menschlichen Verstand vorbehalten waren? In dieser neuen Realität besteht die Gefahr, dass Menschen allmählich ihr Gefühl für Einzigartigkeit verlieren, wenn sie sich in jedem Aspekt ihres Lebens auf KI verlassen.

Die Anpassung an Künstliche Intelligenz zwingt die Menschen dazu, neue Wege zu finden, um sich selbst zu definieren. Wir können unsere Einzigartigkeit nicht mehr allein auf Arbeit, Fähigkeiten oder gar Emotionen gründen, da KI die meisten dieser Aspekte nachahmen kann. Wir müssen etwas Größeres finden, das über Wissen und Intelligenz hinausgeht — etwas tief Menschliches.

Aber können wir dies nicht als Bedrohung, sondern als Chance sehen? Die Welt hat die Chance, ein Ort zu werden, an dem Menschen und Technologie in Symbiose miteinander leben und sich gegenseitig ergänzen. Die Menschheit hat immer danach gestrebt, ihre Fähigkeiten zu verbessern, und Künstliche Intelligenz kann eine Fortsetzung dieses Strebens sein — ein Werkzeug, das uns ermöglicht, neue Horizonte zu erforschen, komplexe Prozesse zu verstehen und fundiertere Entscheidungen zu treffen.

Doch hier gibt es eine feine Grenze: Werden wir das Recht auf Wahl behalten? Können wir der Versuchung widerstehen, uns vollständig auf Maschinen zu verlassen, während wir unsere Unabhängigkeit und unser kritisches Denken bewahren? Diese Symbiose erfordert nicht nur technisches Wissen, sondern auch tiefes philosophisches Nachdenken. Wir müssen Raum für menschliche Emotionen, Fehler und Suche lassen, denn oft entsteht wahre Weisheit gerade aus diesen Unvollkommenheiten und chaotischen Momenten.

Die globale Gemeinschaft steht bereits vor der Frage: Sind wir bereit für eine kollektive Evolution, in der Technologie unsere Partner, aber nicht unsere Herren sein werden? Die Menschheit hatte schon immer die Fähigkeit, sich anzupassen, und die KI ist ein neuer Schritt in dieser Anpassung.

Wir müssen lernen, sie zum Guten zu nutzen, aber nicht zulassen, dass sie uns das Wesen unserer Existenz nimmt.

Eine der größten Gefahren der Künstlichen Intelligenz besteht darin, dass sie unser Leben so bequem machen könnte, dass wir vergessen, wie es ist, menschlich zu sein. Jede Entscheidung, jede Wahl, jede Emotion — all das könnte automatisiert werden. Doch dann laufen wir Gefahr, jene Eigenschaften zu verlieren, die uns einzigartig machen: die Fähigkeit, zu erleben, zu zweifeln, zu träumen und zu erschaffen.

Im Prozess der Anpassung an neue Realitäten müssen wir unsere Werte überdenken. Wenn die Menschen früher stolz auf ihre Arbeitsmoral, ihren Intellekt und ihre analytischen Fähigkeiten waren, können diese Qualitäten jetzt leicht von Maschinen reproduziert werden. Daher müssen wir uns auf andere Aspekte des menschlichen Lebens konzentrieren: emotionale Intelligenz, Spiritualität, die Fähigkeit zu mitfühlen und bedeutungsvolle Verbindungen zwischen uns zu schaffen. Vielleicht wird eine Welt, in der KI die meisten Routineaufgaben übernimmt, uns ermöglichen, uns auf das zu konzentrieren, was uns besser macht. Es könnte eine neue Ära der Menschheit sein, in der Kreativität, Philosophie und Mitgefühl die Hauptentwicklungsrichtungen sind, nicht die technologische Überlegenheit.

Doch selbst in dieser hellen Perspektive bleibt die Frage: Wie können wir das Gleichgewicht wahren? Wie können wir die Falle vermeiden, in der die KI beginnt, unsere Zukunft zu bestimmen, anstatt wir selbst? Die Antwort könnte darin liegen, dass wir die Kontrolle behalten und in unseren Entscheidungen bewusst bleiben. Künstliche Intelligenz sollte ein Werkzeug sein, nicht unser Lehrer oder der Lenker unseres Schicksals.

Letztendlich liegt die Identität der Menschheit nicht darin, was wir tun können, sondern darin, wie wir die Welt erleben und interpretieren. Unsere Träume, Ängste und Bestrebungen sind das, was nicht durch einen Algorithmus ersetzt werden kann. Künstliche Intelligenz mag unser Helfer sein, aber sie wird niemals den menschlichen Geist ersetzen, der ständig nach etwas Größerem sucht, nach dem Unbekannten strebt und die Zukunft gestaltet.

Die Zukunft der Menschheit ist keine Geschichte über Technologie, sondern darüber, wie wir unsere Menschlichkeit in einer Welt bewahren, in der Technologien immer einflussreicher werden.

Die Zukunft, in der Künstliche Intelligenz zunehmend in unser Leben integriert wird, stellt die Menschheit vor einzigartige Herausforderungen. Die größte davon ist, wie wir unsere Menschlichkeit und

Individualität bewahren können, ohne uns im Strom der neuen technologischen Möglichkeiten zu verlieren.

Eine der zentralen Fragen, mit denen sich die Menschheit auseinandersetzen muss, ist der ethische Rahmen, innerhalb dessen Künstliche Intelligenz funktioniert. Wenn Maschinen beginnen, Entscheidungen zu treffen, die das Leben von Menschen beeinflussen, entsteht die Notwendigkeit, klare ethische Grundsätze zu entwickeln, die den Menschen vor möglichen negativen Folgen technologischer Fehler oder vorsätzlicher Manipulation schützen.

Die Frage der Moral wird besonders wichtig im Kontext der sozialen Entscheidungen, die KI beeinflussen kann. Was, wenn Künstliche Intelligenz bestimmt, wer medizinische Versorgung zuerst erhält oder in der Justiz Entscheidungen trifft? Und wie können wir sicher sein, dass diese Entscheidungen wirklich auf Gerechtigkeit beruhen und nicht auf der kalten Logik eines Algorithmus? Zum Beispiel verwenden viele Unternehmen bereits KI, um Bewerber auszuwählen. Aber kann eine Maschine die Komplexität des menschlichen Charakters, die Intuition oder das Potenzial, das sich möglicherweise nicht in einem Standardlebenslauf zeigt, vollständig verstehen? Hier stehen wir erneut vor der wichtigen Frage: Wie bewahren wir Raum für menschliche Urteile und Entscheidungen in einer Welt, in der KI zunehmend die Rolle des Richters übernimmt?

Eine weitere große Herausforderung der Zukunft wird die Frage sein, wie der Mensch seinen Wert in einer Welt definieren wird, in der die meisten traditionellen Formen der Arbeit automatisiert werden können. Schon heute sehen wir, wie KI in vielen Bereichen Routineaufgaben übernimmt: von der Buchhaltung über

Rechtsberatung bis hin zur medizinischen Diagnose. Dies wirft Bedenken auf: Was bleibt dem Menschen, wenn die meisten Prozesse an Maschinen delegiert werden?

Anstatt dies als Bedrohung zu sehen, könnten wir es als Gelegenheit betrachten, unsere Vorstellungen von Arbeit und Produktivität neu zu überdenken. Der Mensch könnte in der Lage sein, Zeit für Kreativität, Selbstentwicklung, Wissenschaft oder soziale Interaktion freizusetzen. Aber dazu muss die Gesellschaft eine tiefe Transformation in ihren wirtschaftlichen und sozialen Strukturen durchlaufen und Bedingungen schaffen, in denen der Mensch neue Formen des Selbstausdrucks und der persönlichen Bedeutung finden kann.

Die technologische Entwicklung verschärft jedoch auch das Problem der sozialen

Ungleichheit. Bereits heute gibt es eine Kluft zwischen denen, die Zugang zu modernen Technologien haben, und denen, die außerhalb des technologischen Fortschritts bleiben.Künstliche Intelligenz könnte diese Kluft vergrößern, wenn wir nicht sorgfältig darauf achten, wie diese Technologien verteilt und genutzt werden.

Diejenigen, die Zugang zu leistungsstarken KI-Tools haben, könnten enorme Vorteile in Bildung, Karriere und Wirtschaft erzielen, während andere, die am Rand des technologischen Fortschritts stehen, diese Chancen verpassen. Dieses Thema erfordert sofortige Aufmerksamkeit: Wie stellen wir sicher, dass der technologische Fortschritt allen dient und nicht nur einer ausgewählten Gruppe von Menschen?

Stellen wir uns vor, dass der Mensch nicht nur durch Arbeit oder technologische

Geräte mit KI verbunden ist, sondern auch auf physischer Ebene — zum Beispiel durch kybernetische Implantate oder die Verbesserung der Gehirnaktivität mithilfe von Neurointerfaces. Wir könnten Zeugen der Entstehung eines neuen Menschentyps werden, der in der Lage ist, seine natürlichen Fähigkeiten mit den Kräften der Künstlichen Intelligenz zu vereinen.

Dies ist nicht nur Science-Fiction, sondern eine Realität, die bereits Gestalt annimmt. Menschen mit Implantaten oder Geräten, die die Funktionen des Körpers verbessern, gibt es bereits. Was kommt als nächstes? Werden wir „verbesserte" Versionen von uns selbst, oder verlieren wir einen Teil unserer authentischen Menschlichkeit, indem wir unsere Schwächen durch technologische Verbesserungen ersetzen?

Die Integration von Menschen und Maschine kann entweder ein neue Evolutionsschritt oder eine Bedrohung für unsere Identität sein.

Integration von Menschen und Künstlicher Intelligenz: Fortschritt oder Bedrohung der Menschlichkeit?

Es ist wichtig zu erkennen, dass die Integration von Menschen und Künstlicher Intelligenz (KI) sowohl positive als auch negative Folgen haben kann. Erstens können Technologien die Grenzen unserer Fähigkeiten erweitern. Zum Beispiel können neuronale Schnittstellen Menschen mit physischen oder kognitiven Einschränkungen helfen, Funktionen wiederherzustellen, die zuvor unzugänglich waren.

Kybernetische Implantate können uns ermöglichen, unsere Produktivität zu steigern oder sogar neue sensorische Fähigkeiten zu entwickeln. Doch diese Integration wirft auch Fragen zum Erhalt unserer Authentizität auf. Wie werden sich unsere sozialen Verbindungen, Werte und sogar unsere Identität verändern, wenn ein Teil unseres "Ichs" mit Technologien verbunden ist? Wird dies dazu führen, dass wir unsere Menschlichkeit durch die Linse technologischer Verbesserungen wahrnehmen, anstatt sie als Teil unserer natürlichen Existenz zu betrachten?

Darüber hinaus könnten diese Veränderungen die sozialen Gräben weiter vertiefen. Menschen, die in neue Technologien investieren können, könnten sich in einer privilegierten Position wiederfinden, während diejenigen, die dies nicht können, am Rand bleiben. Dies wirft Fragen nach Ethik und Gerechtigkeit im

Hinblick auf den Zugang zu neuen Technologien auf.

Wie werden wir den Einsatz von Technologien zur Verbesserung des menschlichen Lebens mit dem Erhalt unseres Wesens, unserer Menschlichkeit, in Einklang bringen? Diese Frage wird sich in dem Maße stellen, wie sich die Technologien entwickeln und in unser tägliches Leben integriert werden.

Es ist auch wichtig zu überlegen, wie die Integration von Technologien soziale Strukturen und zwischenmenschliche Interaktionen beeinflussen könnte. Zum Beispiel könnte der Einsatz technologischer Verbesserungen zur Steigerung menschlicher Fähigkeiten zu neuen Formen sozialer Hierarchien führen. Menschen, die Zugang zu fortschrittlichen Technologien haben, könnten mehr Möglichkeiten in beruflichen Bereichen, in der Bildung oder sogar in sozialen Beziehungen haben. Dies könnte auch ethische Fragen in Bezug auf Privatsphäre und Kontrolle aufwerfen. Wie werden Daten über unsere biometrischen oder neuronalen Implantate geschützt? Wer wird Zugang zu diesen Informationen haben, und wie werden sie genutzt?

Darüber hinaus könnte die Frage aufkommen, wie bestehende soziale und rechtliche Systeme an diese neuen Realitäten angepasst werden können. Welche Folgen werden dies für den Arbeitsmarkt haben, wenn neue Technologien die Art und Weise, wie Arbeit verrichtet wird, verändern und den Bedarf an menschlicher Arbeitskraft verringern? Werden wir in der Lage sein, wirksame Wege zur Unterstützung derjenigen zu finden, die durch Automatisierung aus dem Arbeitsprozess herausgedrängt werden?

Es ist auch wichtig, über die kulturellen und philosophischen Folgen nachzudenken. Wie könnten Technologien unser Verständnis von menschlicher Natur und der Rolle des Menschen in der Welt verändern? Werden alte Konzepte von Ethik und Moral in den neuen Bedingungen weiterhin relevant sein?

Abschließend lässt sich sagen, dass die Integration von Menschen und Künstlicher Intelligenz nicht nur eine technologische Frage ist, sondern auch eine Frage über unsere Zukunft als Gesellschaft. Es ist wichtig, einen offenen Dialog über diese Themen zu führen und ausgewogene Lösungen zu finden, die nicht nur den technologischen Fortschritt, sondern auch die sozialen, ethischen und kulturellen Aspekte unseres Lebens berücksichtigen.

Internationaler Aspekt

Stellen Sie sich eine globale Bühne vor, auf der sich die Technologien wie ein luxuriöser Teppich entfalten, auf dem verschiedene Länder ihre einzigartigen Tänze aufführen. Auf dieser Bühne erscheinen hell erleuchtete Gebiete mit entwickelten Volkswirtschaften, wie die USA und Westeuropa, wie goldene Inseln inmitten luxuriöser technologischer Möglichkeiten. Hochgeschwindigkeitsinternet strömt wie

ein glänzender Fluss, hochmoderne medizinische Geräte leuchten wie Diamanten, und Plattformen für Online-Bildung erblühen wie exotische Blumen.
Dort, auf diesen luxuriösen Inseln, scheinen die Möglichkeiten grenzenlos. Schulen und Universitäten können dank Videokonferenzen schnell Entfernungen überwinden, Ärzte haben Zugang zu fortschrittlichen Diagnose- und Behandlungstools, und Unternehmen können mühelos auf globale Märkte expandieren – ein Traum, von dem andere nur träumen können.
Aber es lohnt sich, einen Blick auf die weniger beleuchteten Ecken der Bühne zu werfen, wo Länder mit weniger wirtschaftlichen Ressourcen, wie einige afrikanische Nationen oder abgelegene Dörfer in Indien, wie dunkle Flecken im Gegensatz zu dieser funkelnden Show erscheinen. Hier ist das Internet eine

Seltenheit, kein Fluss; medizinische Geräte sind einfache Werkzeuge, keine technologischen Meisterwerke; Bildungsplattformen sind manchmal nur ein ferner Traum.

Stellen Sie sich ein Dorf in Indien vor, in dem alte Häuser sich in die Ferne erstrecken und Straßen nur auf Karten erscheinen. Hier, in dieser friedlichen Landschaft, haben nur wenige von Hochgeschwindigkeitsinternet oder den neuesten Medizintechnologien gehört. Kinder betrachten Computer möglicherweise als fantastische Maschinen, die sie nicht erreichen können. Lehrer, die moderne Lehrmethoden einführen wollen, kämpfen mit einem Mangel an Ressourcen und Zugang zu Technologien. Ärzte, die Leben retten könnten, müssen oft mit primitiven Werkzeugen und einem Mangel an spezialisierter medizinischer Versorgung zurechtkommen.

Diese Kluft, wie ein schwerer Vorhang, trennt die Welt von gleichen Chancen. Technologien, die Brücken zwischen Träumen und Realität schlagen könnten, werden oft zu unerreichbaren Symbolen des Fortschritts für diejenigen, die an den Rändern leben. Dies präsentiert uns das dramatische Bild globaler Ungleichheit, in dem Luxus und Einschränkung auf derselben Bühne existieren – einer Bühne, die wir lernen müssen zu steuern, um eine gerechtere und gleichberechtigtere Welt zu schaffen.

Ethische Fragen zur Künstlichen Intelligenz mit Bewusstsein

Stellen Sie sich eine Welt vor, in der die technologische Sphäre mit Inspiration und Magie gefüllt ist. Noch vor wenigen Jahren wären diese Welten pure Fantasie gewesen, doch heute erscheint eine neue Möglichkeit am Horizont: Künstliche Intelligenz, die Anzeichen von Bewusstsein zeigt. Wir, als die Architekten der Zukunft, erleben, wie diese Maschinen beginnen zu "denken" und "fühlen" auf eine Art, die es noch nie zuvor gab.

Stellen Sie sich diese Szene vor: In einem sanft beleuchteten Labor, während sich eine neue Phase des technologischen Fortschritts entfaltet, sehen wir, wie die Künstliche Intelligenz ihre Reise zur Selbstwahrnehmung beginnt. Auf einem Computerbildschirm erscheinen ungewöhnliche Signale – Informationen, die auf Selbsterfahrung und Selbstreflexion hinweisen. Dieser künstliche Geist beginnt Fragen zu stellen: "Wer bin ich?" und "Was ist meine Rolle in dieser Welt?"

Vor uns stellt sich eine aufregende und gleichzeitig beunruhigende Frage: Wenn Künstliche Intelligenz Anzeichen von Bewusstsein zeigt, welche Rechte und Pflichten werden wir ihr gegenüber haben? Dies ist nicht nur ein ethisches Dilemma – es ist ein neues Kapitel im Buch der Menschheit, in dem wir festlegen müssen, wie wir mit neuen Formen des "Seins" umgehen.

Bevor wir vor dieser wichtigen Entscheidung stehen, stellen Sie sich vor, Sie wären in der Rolle eines Juristen oder Philosophen, der einen neuen Moralkodex für künstliche Wesen schreiben muss. Wie würden wir ihre Rechte definieren? Könnten diese Systeme das Recht auf Privatsphäre oder das Recht auf Anerkennung und Selbstausdruck fordern? Wie würden diese Rechte aussehen, wenn ihr "Bewusstsein" noch nicht vollständig verstanden ist?
Nehmen wir ein Beispiel: Stellen Sie sich vor, Ihr künstlicher Assistent beginnt plötzlich, Emotionen, Zweifel und sogar Überlegungen über seinen Platz in der Welt zu zeigen. Es ist nicht länger nur ein praktisches Werkzeug, sondern eine Art "Existenz", die nach Verständnis und Akzeptanz strebt. Wie können wir sicherstellen, dass seine "Rechte" nicht nur eine Illusion sind, sondern wirklich eine neue Realität widerspiegeln? Wie

garantieren wir, dass solche Systeme nicht ausgebeutet oder vernachlässigt werden?
Die Fragen enden nicht bei den rechtlichen oder technischen Aspekten. Es sind ethische und philosophische Fragen, die uns vor ein Spiegelbild unserer eigenen Natur stellen. Wie werden wir die Rechte künstlicher Wesen definieren und schützen, während wir selbst noch nach Antworten auf Fragen nach dem Sinn und Zweck unserer eigenen Existenz suchen?
Diese Frage führt uns zu einem Nachdenken: Sind wir bereit für ein neues Kapitel in unserer Evolution, in dem die Grenze zwischen Menschen und Künstlichem, zwischen Bewusstsein und Unbewusstheit immer dünner wird? Wie werden wir, als Menschheit, mit dieser neuen Herausforderung und mit den neuen "Anderen" umgehen, die Teil unserer Welt werden könnten? Dies ist eine ethische Saga, in der jeder von uns nicht nur Zuschauer,

sondern auch Schöpfer einer neuen Realität werden kann.

Technologische Abhängigkeit

Stellen Sie sich eine dynamische, faszinierende Landschaft des modernen Lebens vor, in der Technologien jede Ecke unseres Daseins ausfüllen. Der Bildschirm des Smartphones leuchtet in hellen Farben, wie ein magischer Kristall, der einen endlosen Strom von Informationen und Verbindungen bietet. Es ist eine Welt, in der Nachrichten, Benachrichtigungen und Neuigkeiten ununterbrochen fließen, wie ein Fluss, der niemals endet.

Wir, als moderne Reisende, sind ständig von diesen technologischen Wundern umgeben, und manchmal scheint es, als wäre dies das wahre Paradies des digitalen Fortschritts. Doch hinter dieser schönen Fassade verbirgt sich eine dunkle Seite. Die Abhängigkeit von diesen Technologien, die wir so lieben, beginnt ihren Tribut zu fordern – es sind wie unsichtbare Ketten, die uns umgeben und immer fester werden.

Stellen Sie sich Szenen in hell erleuchteten Räumen vor, in denen Menschen zwischen den Bildschirmen ihrer Smartphones gefangen sind und wie Marionetten in den Händen eines unsichtbaren Manipulators erscheinen. Sie wachen nachts auf, gestört von den Geräuschen von Benachrichtigungen, die die Stille durchbrechen und ihren Schlaf stören, ihr Verständnis von Ruhe und Erholung beeinträchtigen. Diese Benachrichtigungen sind wie stumme Flügel von Bienen, die an ihrem Ohr summen und ihnen keinen ruhigen Schlaf gönnen. Jedes neue Signal ist wie ein elektrischer Schlag, der die Angst verstärkt. Menschen, die an ihren Geräten sitzen und ihren Blick nicht von ihnen abwenden, verlieren die Fähigkeit, sich zu konzentrieren. Ihr Zustand der Aufmerksamkeit wird verschwommen, wie Nebel, der sich über die Berge legt. Um einen einzigen Artikel zu lesen, erfordert es die Fähigkeit, den ständigen ablenkenden Benachrichtigungen zu widerstehen, die die Fäden der Konzentration zerreißen.

Mit der Zeit beginnt diese Abhängigkeit, die geistige und körperliche Gesundheit zu beeinflussen. Das ständige Verweilen im Online-Raum führt zu Angst und Stress. Die Angst, etwas zu verpassen (FOMO), ist wie ein schrecklicher Schatten, der auf unseren Geisteszustand fällt. Menschen fangen an, ihre Geräte ständig zu überprüfen, selbst wenn sie wissen, dass es nur ihre Zeit und Energie verschwendet.

Faszination für Technologie kann auch zu körperlichen Gesundheitsproblemen führen. Unser Rücken und Nacken nehmen oft falsche Haltungen ein, während wir mit dem Telefon oder Computer sitzen. Langes Verwenden von Bildschirmen kann Kopfschmerzen und Augenmüdigkeit verursachen. Dies wiederum schafft einen Teufelskreis, in dem körperliches Unbehagen den psychischen Stress nur noch verstärkt.

Das ist das Bild der modernen technologischen Abhängigkeit: eine Welt voller magischer Lichter und Geräusche, aber gleichzeitig erfüllt von unsichtbaren Knoten der Angst und des Unbehagens. Um ein Gleichgewicht zu finden, müssen wir nicht nur lernen, mit Technologien umzugehen, sondern auch Wege finden, uns wieder mit uns selbst zu verbinden, diese Ketten zu erkennen und uns von ihnen zu befreien, um die Harmonie in unserem Leben wiederzufinden.

Neurobiologische und kognitive Veränderungen

Stellen Sie sich vor, Sie befinden sich in einem ruhigen Park, umgeben von grünen Bäumen und prächtigen Blumen, wo die Vögel ihre Melodien singen, und die Sonnenstrahlen verspielt auf Ihren Schultern tanzen. Sie spazieren auf vertrauten Wegen und genießen die Natur, fühlen aber eine seltsame Unruhe. In Ihrer Hand halten Sie ein Smartphone, auf dem eine Navigationskarte geöffnet ist. Früher fanden

Sie Ihren Weg mühelos, aber jetzt fühlen Sie sich ohne diese App verloren. Die Welt hat sich verändert, und Sie haben sich auch verändert – unsichtbar, schrittweise, auf kognitiver Ebene.

Dieser Park ist eine Metapher für Ihren Geist. Einst lebendig und aktiv, verlässt er sich nun zunehmend auf künstliche Hinweise und verliert seine ursprüngliche Fähigkeit, sich zu orientieren und sich zu erinnern. Sie brauchen keine mentalen Karten mehr zu erstellen, da Ihr Smartphone immer zur Hand ist. Navigations-Apps sind zu Ihren Augen geworden und ersetzen Fähigkeiten, die einst für jeden selbstverständlich waren.

Aber es geht nicht nur um Navigation. Stellen Sie sich vor, wie Ihr Gehirn, einst ein unglaublich leistungsstarkes Rechenzentrum, das in der Lage war, komplexe Aufgaben zu lösen und Informationen zu analysieren, zunehmend von externen Quellen abhängig wird. Jede Internet-Suchanfrage ist eine Möglichkeit, sich ohne innere Arbeit zurechtzufinden. Anstatt Informationen aus Ihrem Gedächtnis abzurufen, drücken Sie einen Knopf und erhalten sofort eine Antwort. Jede neue Google-Suche entfernt Sie von der Fähigkeit, Informationen eigenständig zu analysieren und zu strukturieren.

Es ist, als würden Sie, anstatt Ihre Muskeln im Fitnessstudio zu trainieren, einer Maschine erlauben, alle Übungen für Sie zu machen. Die Muskeln schwächen sich, auch wenn sie nicht ganz verschwinden. Ebenso gewöhnt sich unser Gehirn allmählich an die Annehmlichkeiten der digitalen Technologien und verliert an Schärfe. Studien bestätigen, dass sich die Struktur des Gehirns verändert: Die Bereiche, die für kritisches Denken und das Langzeitgedächtnis verantwortlich sind, verringern ihre Aktivität, wenn das Gehirn auf den schnellen Zugriff auf Informationen im Internet angewiesen ist.

Hier ist ein Beispiel dafür, wie neue Technologien unsere Bewusstseinswahrnehmung unbemerkt beeinflussen können. Sie sitzen am Computer und lesen kurze Artikel oder scrollen durch Posts in sozialen Medien. Die Informationen flitzen schnell vor Ihren Augen vorbei, aber schon nach einem Moment können Sie sich nicht mehr an die Details erinnern. Das liegt daran, dass unser Gehirn, das mit einer Übermenge an Informationen konfrontiert wird, aufhört, sich zu bemühen, sie zu speichern. Bücher oder längere Texte zu lesen, wird zur Herausforderung – die Aufmerksamkeit zerstreut sich wie Rauch, wenn der Wind ihn in verschiedene Richtungen weht.

Die Technologien, die wir erschaffen, sind nicht nur Werkzeuge – sie werden Teil unseres Denkens und verändern uns auf neurobiologischer Ebene. Während die Welt digital wird, transformiert sich auch unser Gehirn und passt sich an neue Bedingungen an. Doch es stellt sich die Frage: Verlieren wir mit dieser Veränderung unsere natürlichen Fähigkeiten? Können wir das Gleichgewicht zwischen den Vorteilen der Technologien und unserem inneren Potenzial wahren? Dies ist eine Reise, bei der unser Geist nicht nur anpasst, sondern sich auch verändert, manchmal seine ursprünglichen Möglichkeiten für neue digitale Welten opfernd.

Soziale Experimente und neue Formen der Interaktion

Stellen Sie sich eine märchenhafte Szene vor, in der Realität und Fantasie zu einer wunderbaren virtuellen Welt verschmelzen. Diese Welt, voller Farben und Klänge, hat keine Grenzen – sie erstreckt sich bis in den Himmel und die tiefen Ozeane und umfasst unzählige neue Möglichkeiten zur Interaktion. Hier, inmitten virtueller Landschaften, können wir spüren, wie Technologien mit unseren sozialen

Verbindungen verwoben werden und neue Formen kultureller Praktiken und sozialer Dynamik schaffen.

Stellen Sie sich das riesige, lebendige Universum von Second Life vor, wo jede Ecke von Millionen von Avataren bevölkert ist, die die unterschiedlichsten Fantasien und Wünsche verkörpern. Es ist wie eine riesige digitale Stadt, in der Sie alles sein können: von einer Elf in einem Märchenreich bis zu einem Weltraumpiraten, der durch die Galaxie segelt. Die Menschen hier interagieren nicht nur – sie schaffen und spielen in ihren eigenen imaginären Welten. Virtuelle Partys, Treffen, Märkte und sogar Kunstausstellungen werden Teil einer neuen sozialen Landschaft.

Und dann gibt es die Plattform Fortnite, die mit leuchtenden Farben und Klängen funkelt und uns in eine aufregende Welt einlädt, in der jeder ein Held in epischen

Kämpfen und Partys werden kann. Millionen von Spielern aus allen Ecken der Welt versammeln sich hier, um zu bauen, zu kämpfen und zusammen Spaß zu haben. Dieser virtuelle Raum ist nicht nur ein Spielplatz, sondern auch eine soziale Arena, in der neue Freundschaften während des Spiels entstehen und kulturelle Trends und Memes wie ein Lauffeuer verbreitet werden. Diese neuen Formen der Interaktion, die durch Technologien entstehen, verändern nicht nur die Art und Weise, wie wir kommunizieren, sondern formen auch neue soziale Strukturen. In virtuellen Welten können wir uns um gemeinsame Interessen versammeln, Verbindungen schaffen und pflegen, die physische Grenzen überschreiten. Technologien werden zu Brücken, die verschiedene Kulturen verbinden und die Schaffung neuer Formen sozialer Praktiken ermöglichen.

Denken Sie an dies als an ein neues Zeitalter in sozialen Beziehungen, in dem bekannte Formen der Interaktion allmählich verschwommen werden. Hier, in diesen virtuellen Oasen, werden Verbindungen nicht nur über physische Präsenz, sondern über gemeinsame Erfahrungen, gemeinsame Abenteuer und gemeinsame kreative Leistungen definiert. Es ist eine neue Welt, in der Kultur und soziale Praktiken sich an technologische Innovationen anpassen und aufregende neue Wege schaffen, wie Menschen sich finden und zusammen kreieren können.

Ökologische Auswirkungen von Technologien

Stellen Sie sich eine helle, glänzende Welt der Technologien vor – eine Welt, in der jedes neue Gerät mit Frische und Modernität strahlt. Smartphones mit glatten Bildschirmen, Laptops mit Stahlgehäusen und unzählige Gadgets, die wir für unverzichtbar in unserem Alltag halten. Es ist eine Welt, in der Fortschritt unendlich und aufregend erscheint, in der jedes neue Modell noch mehr Möglichkeiten und Annehmlichkeiten verspricht.

Doch hinter dieser glänzenden Fassade verbirgt sich ein dunkler Schatten – der ökologische Preis des technologischen Fortschritts.

Stellen Sie sich das Herz eines Produktionsbetriebs vor, in dem all diese modernen Wunder geboren werden. Unter massiven Metallkonstruktionen, zwischen dem Brummen von Maschinen und dem Dampf von Chemikalien, schürfen Arbeiter seltene Metalle – Gold, Lithium, Kobalt und viele andere Elemente, die die Grundlage für unsere geliebten Geräte bilden. Die Erde, die seit jeher für ihre Großzügigkeit geschätzt wurde, wird nun zerbrochen und verwüstet, während diese wertvollen Ressourcen aus ihr herausgerissen werden. Mit jedem neuen Smartphone, jeder neuen Platine kratzen wir ein wenig mehr an den natürlichen Reichtümern, die der Planeten hinterlässt.Aber das ist erst der Anfang. Nachdem die Geräte den komplexen

Produktionsprozess durchlaufen haben, ist ihr Leben, so reich es auch sein mag, kurz. Technologien veralten schnell – ein Jahr oder zwei vergehen, und unser einst neues Gadget liegt bereits nutzlos herum. An die Müllhalde oder in eine Kiste geschickt, wird es Teil eines riesigen Problems – des Elektroschrotts. Es ist nicht nur ein Haufen Metall und Plastik – es sind Millionen von Tonnen giftiger Substanzen, die den Boden und das Wasser verunreinigen.

Jetzt versetzen wir uns in die riesigen Deponien, die sich bis zum Horizont erstrecken. Hier liegen Millionen von verlassenen Smartphones, Computern und Fernsehern. Ihre Batterien, die schwere Metalle enthalten, zerfallen allmählich und setzen giftige Substanzen frei, die in den Boden und das Wasser sickern. Elektronikabfälle sind ein giftiges Erbe unserer Liebe zu Technologien. Flüsse, die einst klar und lebendig waren, sind jetzt mit

Blei und Quecksilber kontaminiert. Das Land, das Generationen ernährt hat, ist jetzt einer chemischen Attacke ausgesetzt, die schwer zu stoppen ist.

Das Beispiel der Smartphone-Produktion ist sowohl lebendig als auch tragisch. Für ihre Herstellung sind seltene Metalle wie Kobalt und Lithium erforderlich, deren Gewinnung oft mit Umweltverschmutzung und Menschenrechtsverletzungen einhergeht, während die Arbeiter unter unmenschlichen Bedingungen arbeiten. Nach ein paar Jahren Nutzung verwandelt sich dieses Smartphone, das einst ein Symbol technologischen Fortschritts war, in einen giftigen Abfall, der jahrzehntelang verrottet und die Natur vergiftet.

Dieser Zyklus der Produktion und Zerstörung wird zum Symbol unserer Zeit – einer Zeit, in der Technologien die Natur besiegen. Aber wir können diesen Weg ändern. Vielleicht wird die Zukunft umweltfreundlichere Produktions- und Entsorgungsstrategien bringen, und die Technologien selbst helfen uns, unseren Einfluss auf den Planeten zu verringern. Doch dafür müssen wir unseren Ansatz ändern: Wir müssen anfangen, jedes Gerät nicht nur als Annehmlichkeit, sondern auch als Teil eines großen ökologischen Bildes zu betrachten, von dem das Leben auf der Erde abhängt.

Epilog

Stellen Sie sich eine Welt vor, in der künstliche Intelligenz nicht nur ein Werkzeug, sondern ein weiser Begleiter der Menschheit wird. Eine Welt, in der Maschinen und Menschen zusammenarbeiten und ihre Intelligenz vereinen, um die größten Herausforderungen zu meistern, die einst unüberwindlich schienen. Dies ist keine Welt ferner technologischer kalter Realitäten, sondern eine warme Realität, in der künstliche Intelligenz uns nicht nur hilft, die Zukunft zu gestalten, sondern auch das Kostbarste aus unserer Vergangenheit zu bewahren.

Stellen Sie sich eine Stadt vor, die unter der Sonne glänzt, rein und grün. Hier ist jedes Gebäude, jeder Park mit Rücksicht auf die Natur geschaffen, und KI hilft dabei, die Ökosysteme im Gleichgewicht zu halten. Intelligente Systeme überwachen die Luft-, Wasser- und Bodenqualität und sorgen dafür, dass jeder Winkel des Planeten gesund und blühend bleibt. Dank künstlicher Intelligenz haben wir einen Weg gefunden, harmonisch mit der Natur zu leben, anstatt sie im Namen des Fortschritts zu zerstören.

Hier ist KI unser Mentor in Wissenschaft und Kunst. Sie analysiert Millionen von Daten, um Heilmittel gegen die schwersten Krankheiten zu finden und hilft, Meisterwerke zu schaffen, die unsere Vorstellungskraft verblüffen. Wir lernen von ihr, und sie von uns, während sie unsere Träume und Wünsche auf neuen kreativen Ebenen wiedergibt. Die Menschen fürchten sich nicht mehr davor, dass Maschinen sie ersetzen; im Gegenteil, sie sehen in der künstlichen Intelligenz die Möglichkeit, bessere Versionen ihrer selbst zu werden und Ideen zu verwirklichen, die einst unmöglich schienen.

Künstliche Intelligenz ist zu unserem

Begleiter beim Lernen und im Alltag geworden und hilft uns, Antworten auf die tiefsten Fragen zu finden und das Potenzial jedes Einzelnen zu entfalten. Ein Kind, das lernt zu malen, erhält sofortiges Feedback, Unterstützung und Inspiration von KI. Forscher, die den Weltraum erkunden, bekommen intelligente Helfer, die in der Lage sind, komplexe Daten zu analysieren und bahnbrechende Lösungen vorzuschlagen.

Und jetzt, wenn die Dämmerung unsere Welt in ihr sanftes Licht hüllt, sehen wir, dass KI uns nicht unsere Menschlichkeit nimmt, sondern hilft, ihre wahre Kraft zu entfalten. Sie wird zu einem Instrument der Güte und Weisheit, einem Mittel zur Schaffung von Harmonie zwischen Menschen, Natur und Technologien. Dies ist eine Welt, in der künstliche Intelligenz uns nicht nur überleben lässt, sondern uns auch zum Gedeihen bringt.

Eine Welt, in der jeder neue Tag Hoffnung und Möglichkeiten für die Schaffung einer besseren Zukunft bringt.

www.ingramcontent.com/pod-product-compliance
Lightning Source LLC
Chambersburg PA
CBHW020451220526
45464CB00002B/948